SV

Maria Stepanova
Mädchen ohne Kleider

Gedichte
  Russisch und deutsch

Aus dem Russischen von Olga Radetzkaja

Suhrkamp

Die drei Zyklen wurden dem Band *Staryj mir. Počinka žizni* entnommen,
der 2020 bei Novoe Izdatel'stvo in Moskau erschienen ist.

Die Übersetzerin dankt dem Deutschen Übersetzerfonds für
die großzügige Unterstützung ihrer Arbeit.

Erste Auflage 2022
Deutsche Erstausgabe
© der deutschsprachigen Ausgabe Suhrkamp Verlag AG, Berlin 2022
© 2020 Maria Stepanova
Alle Rechte vorbehalten. Wir behalten uns auch eine Nutzung des Werks
für Text und Data Mining im Sinne von § 44b UrhG vor.
Umschlaggestaltung: Rothfos & Gabler, Hamburg
Satz: Satz-Offizin Hümmer GmbH, Waldbüttelbrunn
Druck: GGP Media GmbH, Pößneck
Dieses Buch wurde klimaneutral produziert.
ClimatePartner.com/14438-2110-1001
Printed in Germany
ISBN 978-3-518-43060-6

www.suhrkamp.de

Mädchen ohne Kleider

Mädchen ohne Kleider

Девочки без одежды

1.

Всегда есть то, что говорит: разденься
И покажи, сними и положи, ляг
И раздвинь, дай посмотреть,
Открой, потрогай его, ты посмотрела?
Всегда есть комната с горизонтальной
Поверхностью, всегда стоишь там как дерево,
Всегда лежишь как дерево, как упало,
С глухими запрокинутыми ветками,

Между пальцами земля, во рту пальцы,
Яблоки не уберегла.

2.

Всегда есть время года, которому
Нечего есть, оно раздевает ту
Или то, что стоит на его ветру
Этому невозможно сопротивляться
Ты без яблок без кожи без кожуры
Без волос без сосков без глаз (ты посмотрела?)
(она была как бревно) (чего ты как деревянная?)
(раздвинь) (открой) (покажи груши свои сливы)

Всегда есть комната, в которой все происходит.
Всегда найдется что-то, что можно снять.

I.

Immer ist da etwas, das sagt: zieh dich aus
Und zeig her, nimm das ab, leg es weg, leg dich hin
Und mach breit, lass sehen,
Mach auf, fass ihn an, siehst du das?
Immer ist da ein Zimmer mit einer waagrechten
Fläche, immer stehst du darin wie ein Baum,
Liegst wie ein Baum, wie umgestürzt immer
Die tauben Zweige hoch überm Kopf,

Erde zwischen den Fingern, Finger im Mund,
Deine Äpfel hast du nicht gehütet.

2.

Immer ist da eine Jahreszeit, die nichts
Ist, nichts zu essen hat, die entblättert
Jede und alles was in ihrem Wind steht
Widerstand zwecklos, du
Stehst da ohne Äpfel, hast weder Haut noch Schale
Noch Haare noch Nippel noch Augen (siehst du das?)
(wie ein Stück Holz) (wieso liegst du so stocksteif da?)
(mach breit) (mach auf) (zeig deine Birnen Pflaumen)

Immer ist da ein Zimmer, in dem es passiert.
Immer findet sich etwas zum Abnehmen.

3.

Всегда весна, и все мы стояли врозь,
Руки врозь и ноги и складки коры открыты
И тот, кто хочет, может заглядывать в самую
Середину ее древесины, туда, где плоть
Еще влажная и кажется, что дымится.
В такую погоду живое растет без крыши,
Без головы, пустив волосы по ветру,
Разрешая рассматривать, и показывать, и пальцы

Запускать туда, где сердце деревенеет.
Всегда весна и в комнатах мокрый лес.

4.

Всегда осень, все снято, все разъято,
Все распахнуто, все лежит неприятной грудой,
Верхняя одежда, нижнее белье, верхние нижние ветки,
Белые корни, выпроставшись из земли,
Ушные раковины, головные боли,
Глазные яблоки, тела ноги и руки,
Губы головы, губы пола, язык рта и язык тела,
Пальцы рук, пальцы ног, чьи-то чужие пальцы

Между пальцами рук и пальцами ног, там, где есть
Узел, узелок, завяжи на память и не смотри.

3.

Immer ist Frühling, und wir stehen jede für sich,
Arme für sich und Beine, die Furchen der Rinde offen
Wer will, blickt direkt in die Mitte
Des Holzes, dorthin wo das Fleisch
Noch feucht ist, beinahe dampft es.
Bei so einem Wetter wächst, was lebt, ohne Obdach,
Kopflos, die offenen Haare im Wind,
Lässt sich beäugen und zeigen und einen Finger

Reinstecken dort, wo das Herz erstarrt und verholzt.
Immer ist Frühling, im Zimmer steht nasser Wald.

4.

Immer ist Herbst, alles abgelegt, alles zerlegt,
Alles weit aufgerissen, ein unschöner Haufen,
Oberhemd, Unterhemd, obere untere Äste,
Weiße Wurzeln, bloßgelegt unter der Erde
Ohrmuscheln, Kopfschmerzen,
Augäpfel, des Körpers Beine und Arme,
Mundlippen, Schamlippen, redende Zungen und Körper,
Finger und Zehen und fremdes Gefinger

Zwischen den Fingern und Zehen, mittig, dort wo der
Kern ist, der Knoten, der dich erinnern soll: schau da nicht hin.

5.

Всегда лето, и девочке без одежды
Всегда пятнадцать, иногда больше и меньше,
Пятнадцать – это число пятна
Это число начала игры в пятнашки
С девочкой без одежды: при каждом при касании
Под кожей остается маленькое пятно
Со временем их начинаешь носить навыпуск –
Как убитую шкуру как горностаевую мантию

Носишь себя как мертвого горностая
Пальцы падалица всегда пятна яблоки пятки

6.

Всегда зима, без одежды зябко, пальцы
Подносят ко рту, изо рта поднимается в небо
Пар, это чья-то лестница и всегда
Вверх и вниз восходят те или эти
Не обращая внимания на девочек без одежды
Которые так замерзли так замерли так всегда
Зима, адамово яблоко того, кто смотрит
(открой покажи возьми) ходит туда-сюда,

Сердце носит воду по лестнице вверх и вниз,
Снабжает водой корни на радость тебе, лесник.

5.

Immer ist Sommer, und ein Mädchen ohne Kleider
Ist immer fünfzehn plus minus,
Fünfzehn ist eine Fleckzahl, mit fünfzehn
Fängt man an Fangen zu spielen
Mit einem Mädchen ohne Kleider: der Fänger fasst an, und jedes
Mal bleibt ein kleiner Fleck zurück unter der Haut
Mit der Zeit lernst du sie offen zu tragen –
Wie ein erlegtes Fell, eine Hermelinstola

Trägst du dich selbst als toten Hermelin
Die Finger das Fallobst immer voll Flecken die Äpfel die Fersen

6.

Immer ist Winter, man friert ohne Kleider, die Finger
Führen zum Mund und vom Mund steigt zum Himmel
Der Dampf, eine Jemandsleiter und immer
Gehen sie dort auf und ab, irgendwelche Leute,
Achten gar nicht auf ein Mädchen ohne Kleider
Dem so kalt ist so starr so immer
Ist Winter, der Adamsapfel dessen der schaut
(mach auf zeig her fass an) ruckt hin und her,

Das Herz trägt Wasser die Leiter hinauf und hinunter,
Versorgt die Wurzeln mit Wasser zu deiner Freude, o Förster.

7.

Всегда пятнадцать лет, иногда много-немного больше.
Всегда гораздо меньше, словно в детском саду
Сказали снять трусы и все глазные яблоки
За голым солнцем поворачиваются туда
Где всегда одно и то же. И оно восходит, восходит.
Всегда есть пальцы, яблоки, есть умение
Разломить и есть, раздвинуть и взять, раз-
Деть и познать, открыть и войти и выйти.

А оно восходит, восходит над
Круглым некрупным холмом Венеры.

8.

Всегда есть охотник, который желает знать.
Всегда зритель, который желает зреть.
Пока его яблоки зреют в ямах глазниц,
Смотри: горностай, убегающий вверх по телу
Охотника, который желает взять,
И выше, по дереву, стоящему не пытаясь
Убежать или устоять или устыдиться.
Эти губы закрыты (открой), эти уста открыты

(раздвинь и дай), зверек пробирается на свободу,
Пока ее голое тело отвлекает твое внимание.

7.

Immer fünfzehn, mitunter auch vielwenig älter.
Immer viel jünger, fast noch ein Vorschulkind,
Dem einer sagt zieh das Höschen runter, und alle Augäpfel
Wenden sich mit der nackten Sonne dorthin
Wo immer ein und dasselbe ist. Und sie geht auf, es geht auf.
Immer sind da Finger Äpfel und jemand der weiß
Wie man abbricht und isst, aufspreizt und nimmt, aus-
Zieht erkennt und öffnet und reingeht und raus.

Und es geht auf, geht auf überm kleinen
Runden Hügel der Venus.

8.

Immer ist da ein Jäger, der Jäger will schießen.
Immer ist da ein Betrachter, der trachtet zu sehen.
Solange die Äpfel nicht reif sind in seinen Augengruben,
Schau, wie der Hermelin flieht: aufwärts am Körper
des Jägers (der wird dich holen), höher
Und höher hinauf an dem Baum, der keinen Versuch macht
Zu fliehen, der stillhält nicht rot wird.
Diese Lippen sind zu (mach auf), diese Mündung ist offen

(komm schon mach weit), das Tierchen entkommt in die Freiheit,
Solange ihr nackter Körper deinen Blick fesselt.

9.

Всегда есть порнография, она всегда
Запечатана в прозрачную брачную пленку,
Как бы говоря тебе: ты у меня первый.
Он/она ей всегда говорит: сними все это,
Раздвинь листы, покажи, что у тебя там.
Там всегда есть девочки без одежды.
Их пальцы, готовые процвести, их почки,
Готовые выпустить лист, стволы

Темного, светлого, тельного цвета/света,
Если им приказать, они будут смотреть на тебя.

10.

На девочках без одежды почти всегда
Есть одежда, она их делает более
Раздетыми, намотай на дерево шарф
Или одеяло, и голое дерево дерева
(голое тело тела) станет местом
Стыда. Почти всегда
На них подштанники теплые, стоптанные туфли,
На них колготки, морщившие на лодыжках,

На них следы от лямочек лифчика, синяк, крестик,
То, что тебе захочется снять.

9.

Immer ist da ein Pornoheft, immer ist es
Versiegelt mit züchtigem Zellophan,
Wie um zu sagen: Vor dir gab es keinen.
Worauf er oder sie immer sagt: Zieh das aus,
Mach die Blätter breit, zeig schon, was du da hast.
Und immer hat es da Mädchen ohne Kleider.
Ihre Finger kurz vorm Erblühen, die Knospen
Treiben schon Blätter, die Stämme

In dunklem, hellem, rosigem Ton oder Licht,
Wenn man es befiehlt, richten sie ihren Blick auf dich.

10.

Die Mädchen ohne Kleider haben fast immer
Kleider an, das macht sie noch
Entkleideter, wickle einen Schal eine Decke
Um einen Baum, und sein nacktes Holz
(der nackte Körper des Körpers) wird ein Ort
Der Scham. Fast immer haben sie
Warme Schlüpfer an, ausgetretene Schuhe,
Strumpfhosen, die Falten werfen am Knöchel,

Auf der Haut: BH-Abdrücke, ein Goldkreuz, ein blauer Fleck,
Es reizt dich, sie abzunehmen.

11.

Всегда есть девочки без одежды.
Всегда есть то, что будет их есть.
Всегда есть то, что не будет съедено.
Всегда есть то, что уже никогда не будет.
Никогда не выйдет на дощатые тротуары,
Раскручивая ветхий лимонный зонтик
Как солнечное катящееся колесо,
Женщина улицы, работник чужого секса,

Вот ее единственная фотография.
Она представляет ее круглый как солнце зад.

12.

Девочки без одежды всегда
Говорят одно: говорят да говорят да
Потому что это единственное слово их языка
Переведенное на другие.
В замкнутых ртах да дает побеги уходит в рост
Оплетает другой язык перебегает в чужой рот
Когда-нибудь всегда лесник охотник рыбак
Проснутся с крючком в своем языке

Язык с крючком, лежащий во тьме ничком.
Девочка без одежды, стоящая молча.

11.

Immer sind irgendwo Mädchen ohne Kleider.
Immer ist da etwas, das an ihnen frisst.
Immer ist da etwas, das von ihnen bleibt.
Immer ist da etwas für immer vorbei.
Nie mehr wird sie hinaus auf das Holztrottoir treten,
In der Hand einen welken zitronengelben Schirm
Wie ein Sonnenrad, das sich dreht,
Eine Straßenfrau bei der Arbeit am Sex der anderen,

Dies ist das einzige Foto von ihr.
Darauf zu sehen, rund wie die Sonne: ihr Hintern.

12.

Mädchen ohne Kleider sagen
Immer dasselbe: sie sagen ja sagen ja
Das ist das einzige Wort ihrer Sprache
Das je übersetzt wurde.
In geschlossenen Mündern treibt das Ja aus, schießt ins Kraut
Es wickelt sich um fremde Zungen, läuft über in andere Münder
Irgendwann kommt der Tag, da der Förster der Jäger der Angler
Aufwacht und einen Haken spürt in der Zunge

Aufgespießt liegt eine Zunge bäuchlings im Dunkeln.
Ein Mädchen ohne Kleider steht da und schweigt.

13.

Всегда стоят на посту солдаты, всегда
Стоят на своем деревья, всегда лежат
В земле на земле покойники, и всегда
Не разберутся какая нога чья
Любовники, запутавшиеся друг в друге,
Сквозь их объятья, пледы и животы
Просвечивают, как электрические рыбы,
Апельсины, съеденные вдвоем.

В твоей голове всегда закрытая комната,
В которой стоит девочка без одежды.

14.

Ты всегда как деревянная?
Ты, наверное, очень страстная?
Ты просто холодная женщина?
Скажи, ты уже с кем-нибудь целовалась?
Тебе это нравится? Показать тебе, как?
Покажи сама темный пух и пуп середины,
Ушные мочки соски тапки бусики позвонки
Глазные яблоки, закрытые на просушку,

Купленные у цыган, чтобы раздеться с честью,
Красные атласные кружевные трусы.

13.

Immer stehen Soldaten auf Posten, immer
Stehen und können nicht anders die Bäume, und immer
Liegen die Toten der Erde unter der Erde, die Liebenden
Wissen nicht mehr, welches Bein wem gehört,
Ineinander verirrt, und aus ihrer Umarmung
Unter den Wolldecken Bauchdecken
Schimmern wie unter Wasser elektrische Fische
Gemeinsam verzehrte Orangen hervor.

Immer ist in deinem Kopf ein verschlossenes Zimmer,
Darin steht ein Mädchen ohne Kleider.

14.

Bist du immer so steif?
Insgeheim bist du doch richtig heiß?
Vielleicht bist du einfach frigide?
Hat dich schon mal einer geküsst?
Gefällt dir das? Soll ich's dir zeigen?
Zeig deinen dunklen Flaum und den Nabel im Herzen,
Ohrläppchen Brustwarzen Hausschuhe Halsketten Wirbel
Augäpfel, heute zum Trocknen geschlossen,

Das am Kiosk gekaufte – um sich in Ehren auszuziehen –
Rote Satinspitzenhöschen.

15.

Нам было пятнадцать лет, и это всегда так было.
В пятнадцать лет
Любопытство и стыд заполняют тело,
Как воздушный шар. Мама сказала, чтоб укротить икоту,
Набери в рот воздуха и держи, сколько хватит сил.
Любопытство и стыд оставляют меня молчать,
Словно во рту вода. Тогда и всегда
Как вода мои ноги, когда я стою без одежды.

Ты входишь, раздвигая воду руками.

Это я, это я, воздушная яма.

15.

Wir waren fünfzehn, und das war schon immer so.
Mit fünfzehn füllen
Neugier und Scham deinen Körper
Wie einen Luftballon. Meine Mutter sagte, bei Schluckauf
Nimm Luft in den Mund und halt sie, solange du kannst.
Vor Neugier und Scham bin ich stumm
Als hätte ich Wasser im Mund. Damals und immer:
Ein Wasserfall meine Beine, wenn ich ohne Kleider bin.

Du kommst herein, teilst das Wasser mit beiden Armen.

Ich bin es, ich bin's, die luftige Grube.

Kleider ohne uns

Одежда без нас

1.

Раздели́ их, да, по родам и видам,
По стране рожденья и месту происхожденья
(Итальянская ткань, пошито в Китае),
Разложи их на женские и мужские

И на те, что хотели бы нравиться и тем и этим,
И на те, что очень маленькие,
Но подражают большим. Затем
Подумай и разбери их по видам и свойствам ткани:

На легкие, заботливо льнущие к человеку,
На слишком грубые, не дающие коже
Забыть о своем присутствии (я с тобой, я здесь),

На трещащие от электричества, на полупрозрачные,
На умирающие, распадающиеся на волокна,
Опустевшие, безлюдные, неподвижные.

2.

Опустевшие, безлюдные, неподвижные:
В магазинах земли, когда те заперты на ночь,
В корзинах рождественских распродаж,
Где еще можно спастись из братской могилы.

I.

Teile sie ein, warum nicht, nach Gattung und Art,
Nach Heimatländern und Herkunft
(Italienischer Stoff, made in China),
Leg die Damensachen nach links, die Herren- nach rechts,

Hierhin alle, die beiden gefallen wollen,
Und dorthin die winzig kleinen,
Die tun, als wären sie groß. Alsdann
Ordne sie nach ihrer Webart und Qualität:

Die leichten, dich sorgsam umschmiegenden,
Die etwas zu groben, die deiner Haut
Keine Ruhe lassen (ich bin bei dir, ich bin hier),

Die knisternden elektrostatischen, die beinahe durchsichtigen,
Die sterbenden, die zerfallen in einzelne Fasern,
Verlassen, menschenleer, reglos.

2.

Verlassen, menschenleer, reglos:
In den Läden der Erde, nachts, wenn zugesperrt ist,
Auf Wühltischen im Weihnachtsschlussverkauf,
Wo es noch Rettung gibt aus dem Massengrab.

Разведи их по цветам (песочный, карамельный, рыжий,
Зеленый, бледно-зеленый, алый, белый, черный),
Разбери их на зимний, летний и межсезонный,
На те, что обнимают плечи, или греют шею,

Покрывают срам, держат грудь, обнажают ключицы.
Укажи на модные и вышедшие из моды,
На любимые и нелюбимые,

На те, кто с честью себя износил до дыр,
На те, что мертвым грузом лежат на складах
Десятилетиями, как земля под асфальтом.

3.

Десятилетиями земля под асфальтом
Лежит, не помня себя; пустая одежда
Лежит, не помня себя или не зная,
Смущенная, разобщенная: раздели

По свойствам кроя (английский, итальянский),
По признакам доминирования (верхняя или нижняя),
По приметам профессии ли, призванья (Пиджаки, юбки,
брюки, незнамо что).

Определи их: *used, mended, unworn*:
Бывалые — и не знавшие ни женщины, ни мужчины,
И те, кто пытается начать все сначала —

Sortier sie nach Farben (sand, karamel, rost,
Hellgrün und grün, feuerrot, weiß, schwarz),
Ordne sie nach Saison: Winter, Sommer und Übergang,
Nach Funktion: was hält warm, hoch, bedeckt, was legt frei

Schultern, Brüste, Scham oder Schlüsselbein.
Unterscheide, welche angesagt sind und welche passé,
Zeig Lieblingsstücke und ungeliebte,

In Ehren verschlissene und
Solche, die bleischwer im Lager liegen
Jahrzehnte hindurch, wie Erde unterm Asphalt.

3.

Jahrzehnte hindurch liegt Erde unterm Asphalt
Und weiß nichts von sich; leere Kleidung
Liegt da und kennt sich nicht, hat sich vergessen,
Verlegen, vereinzelt: Teile sie ein

Nach Fasson (italienisch, englisch),
Nach Dominanz (Oberhemd, Unterhemd),
Nach Beruf, vielleicht auch Berufung
(Sakkos, Röcke, Hosen, was immer).

Klassifiziere sie: *used*, *mended*, *unworn*:
Ausgekochte, niemals berührte, von Frauen wie Männern,
Und solche, die einen Neuanfang wagen –

Улучшенные, перешитые по фигуре,
Заплатанные, сменившие вид и род,
Как кимоно, которое стало хаори.

4.

Вот кимоно, которое стало хаори.
Вот хаори стало детское кимоно.
Зеленые рукава, превратившиеся в подушки,
Веселый подол, переметнувшийся в пояс,

Ничто не пропало, все чему-то служит,
Каждый клочок ткани пытается доработать,
Подержаться за тело теплого человека,
Облекать, охватывать, не опустеть.

Изнанка, подкладка, ветшающая в подмышках,
Тонкие швы, проросшие драной ниткой,
Мелкие звездчатые дырочки, следы моли, следы ожогов,

Утраты цвета, утраты формы. Ждут и ждут
Немые убежища, комнаты без жильцов,
Проветренные, готовые обнять любого.

5.

Готовые обнять любого
(В Доме Одежды обителей слишком много,

Aufgepeppt, auf Figur umgenäht,
Geflickt und erneuert in Gattung und Art,
Wie ein Kimono, der zum Haori wurde.

4.

Hier ist ein Kimono, der zum Haori wurde.
Hier kein Haori mehr, sondern ein Kinderkimono.
Grüne Ärmel, in Kissenbezüge verwandelt,
Ein fröhlicher Saum, zu Schleife und Schärpe gewendet,

Alles bleibt, alles dient einem Zweck,
Jeder Fetzen Stoff will sich bis zum Schluss nützlich machen,
Sich festhalten an einem warmen menschlichen Körper,
Umhüllen, umfassen, noch nicht verlassen sein.

Das Innenfutter zerschlissen unter der Achsel,
Feine Nähte, aus denen zerfaserte Fäden wachsen,
Kleine Sterne: Brandwunden, Mottenlöcher,

Verschossene Farben und Formen. Sie warten, sie warten,
Stumme Refugien, Zimmer ohne Bewohner,
Frisch gelüftet mit offenen Armen auf jeden Erstbesten.

5.

Mit offenen Armen für jeden Erstbesten
(Im *Haus der Kleidung* sind zu viele Wohnungen,

И большая их часть не населена:
Машет без звука пустующими рукавами).

На складах, вещевых рынках, на барахолках,
В темных комнатах, где швея над машинкой
Поет потрескивая, неясная, как лучина,
И гора готового платья растет в углу.

Те, кто сшил это красное платье, не смогут
Его носить. И та, кто наденет
Это красное платье, будет в нем жить однажды

Или дважды: вовек ему пустовать,
Как деревне, откуда все уехали в город,
Выучились, умерли, не вернулись.

6.

Выучились, умерли, не вернулись
Те, кто вас носил на себе, те, кто с вами был,
Перебрались в другие места,
Сменили пол, потеряли вес, поменяли вкус.

Их внуки и внучки, стесняясь широкой кости,
Примеряют манишки и лайковые перчатки,
Но шелковые платья трещат по шву
На твоих плечах, когда пытаешься с ними сладить.

Die meisten davon stehen leer:
Winken lautlos mit schlaffen Ärmeln).

In Lagerhallen, auf Märkten, beim Trödler,
In dunklen Zimmern, wo fahl wie ein Kienspan
Die Näherin an der Maschine rattert und singt,
Und in der Ecke wächst ein Berg Konfektion.

Die es genäht hat, dies rote Kleid, sie wird es
Nicht tragen können. Und die es anzieht,
Das rote Kleid, sie wird darin leben nur ein-

Oder zweimal, dann bleibt es für immer leer,
Wie ein Dorf, aus dem alle geflohen sind in die Stadt,
Sie haben studiert, sind gestorben, nicht wiedergekommen.

6.

Sie haben studiert, sind gestorben, nicht wiedergekommen:
Die euch trugen, die bei euch waren,
Haben den Wohnort gewechselt und mit ihm
Geschlecht, Konfektionsgröße, Stil.

Ihre gröber geschnitzten Enkelsöhne und -töchter
Probieren verschämt Chemisettes an, Glacéhandschuhe
Und Seidenkleider, die auf den Schultern platzen
Beim Versuch, ihrer Herr zu werden.

Рубашка деда, белье неизвестно чье,
Туфли бабки, платье прабабки скорбят
О телах утраченных, о жизни полной.

И что прикажешь делать тому и тем,
У кого внутри совсем ничего, пока
Там не забрезжит голый зяблый антропос.

7.

Там не забрезжит голый зяблый антропос
(Ах, антропоцентризм, антропоцентризм,
Может ли тебя себе позволить
Та или те, у кого в своем животе,

В тела теплице, в темном шкафу платяном,
В дышащей шубе нежногудящей
Жил антропос и вышел, потом другой
Жил и вышел и се, это место пусто).

Ах ты глупый старый антропоцентризм,
Могут ли себя тебе позволить
Те, кто скроен и сшит с пустотой внутри,

Которой недостаточно пыли и воздуха,
Которая может быть заполнена только телом,
Смертным телом, входящим в смертное тело.

Großvaters Hemd, die Wäsche von Gott weiß wem,
Omas Schuhe und Uromas Kleid, sie alle trauern
Um die verlorenen Körper, die Fülle des Lebens.

Was sollen sie auch, was soll einer anderes tun,
Der innen ganz leer ist, solang sich in ihm
Kein nackter fröstelnder Anthropos abzeichnet.

7.

Kein nackter fröstelnder Anthropos zeichnet sich ab
(Ach, Anthropozentrismus, Anthropozentrismus,
Als könnten sie sich dich erlauben,
Sie alle, in deren eigenem Leib –

Im Treibhaus des Körpers, dem dunklen Kleiderschrank,
Im atmenden Pelz, im sanften Summen –
Ein Anthropos wohnte, der fortging, und dann ein anderer
Wohnte und fortging, und siehe, die Stätte ist leer).

Dummer alter Anthropozentrismus,
Müssen sie sich dir nicht verweigern,
Sie alle, die so gedacht und gemacht sind: mit einer Leere im Innern

Der Staub und Luft nicht genügen,
Die nur ein Körper füllen kann,
Ein sterblicher Körper, der eingeht in einen sterblichen Körper.

8.

Смертному телу, входящему в смертное тело
Белой рубашки, желтой кофты, черного платья,
Могут открыться скрытые перспективы,
Беженские брошки, зашитые в поясах.

Вдруг стало видно дорожную лисью шубу,
Которая висела у самой дверцы,
И на толстом шнуре болталась большая кисть.

Он дернул ее, сколько было силы,
И тотчас из широкого рукава
Спустилась лесенка кедрового дерева.
»Не угодно ли вам подняться?« спросил проводник.

… И не успела она подняться через рукав,
Не успела выглянуть из-за воротника,
Как ей навстречу засиял ослепительный свет.

9.

Безжизненный, гигиенический, ослепительный свет
Бельевой, прачечной и химчистки,
Где стальные вращаются барабаны,
Наворачивая круги и круги,

Где общий водоворот обладает массой
И объемом, но больше никем и ничем —

8.

Ein sterblicher Körper, der eingeht in den sterblichen Körper
Eines weißen Hemds oder gelben Jacketts, eines schwarzen Kleids,
Entdeckt bisweilen verborgene Perspektiven,
Flüchtlingsperlen, in Gürtel genäht.

Plötzlich erblickte sie den Reisefuchspelz,
Der ganz vorne im Schrank hing,
Und die große Troddel an einer dicken Schnur.

Ihr Begleiter zog daran, so stark er konnte,
Und sogleich ließ sich durch den weiten Ärmel
Eine zierliche Zedernholztreppe herab.
»Steigen Sie nur gefälligst hinauf«, sagte er.

… Aber kaum war sie durch den Ärmel gestiegen,
Kaum sah sie zum Kragen heraus,
Als ein blendendes Licht ihr entgegenstrahlte.

9.

Das leblos-hygienische blendende Licht
Einer Wäscherei oder Reinigung:
Kreisende Stahltrommeln,
Die Runde um Runde drehen,

Der gemeinsame Wasserwirbel hat ein Gewicht
Und Volumen, doch sonst nichts und niemanden –

Ни родного запаха (пот, пыль, июльское солнце),
Ни памяти о вчера, ни окошка в завтра –

И химия вытесняет, выводит, сводит
Последнее, что держалось, пока хватало
Сил – пятно от вишневого варенья,

Полупризрачное, прозрачное, почти без цвета,
Уже совсем без цвета, уже не пятно,
А тень, что пытается вернуться на место.

10.

Тень пятна пытается вернуться на место
(Докажи, что ткань для пятна – как человек для

одежды:

Единственная надежда быть с кем-то вместе).
Раздели нас на особи с запятнанной репутацией

И тех, кто еще/уже ничем не запятнан,
Как спасенные души в прачечном их раю.
Раздели одежду на ту, что чистым-чиста
И ту, что носит метины бесчестья,

Потеки пота, катышки на рукавах,
Блуждающие запахи мужского тела,
Следы вина, пометы вины,

Keinen vertrauten Geruch (Schweiß, Staub, Julisonne),
Keinen Gedanken an gestern, kein Fenster nach morgen –

Die Chemikalien verdrängen, entfernen, tilgen
Was sich noch festkrallt aus letzter Kraft –
Den Kirschmarmeladenfleck,

Schon schemenhaft, durchsichtig, beinahe farblos,
Ganz und gar farblos: kein Fleck mehr,
Ein Schatten, der zurückwill an seinen Platz.

10.

Ein Schatten von Fleck, der zurückwill an seinen Platz
(Zeige auf, dass der Stoff dem Fleck das ist, was den Kleidern
der Mensch ist:
Die einzige Hoffnung, mit jemand zusammen zu sein).
Teile uns ein in die, deren Ruf ramponiert ist,

Und die, die noch oder schon unbefleckt sind
Wie gerettete Seelen in ihrem Waschparadies.
Teile die Kleider ein in solche, die reiner als rein
Und solche, die sichtlich entehrt sind

Von Schweißflecken, Wollmäusen, Fusseln,
Versprengten Gerüchen nach Mann,
Spuren von Rotwein und Reue,

То, что напоминает вещи
О том, что у нее есть своя история
И о том, что все это скоро кончится.

II.

Укажи, что все это скоро кончится.
Опиши вещь, не слышащую звука трубы,
Шума денег, речи ласковой или злой,
Но боящуюся огня и воды

И неспешного неминуемого распада.
Назови этажи неравенства: раздели
Натуральные и синтетические, дешевые и дорогие,
Красивые и некрасивые (а кому решать?),

Судимые и несудимые (кто выносил сужденье?),
На ничьи и чьи, на мои и чужие.
Объясни технологии и логику цен.

Покажи червей-шелкопрядов и рунных овец.
Укажи на несовершенство материи.
Напиши одежду раздетой.

All dem, was sie daran erinnert,
Dass sie nicht geschichtslos sind
Und dass das alles hier bald vorbei ist.

II.

Zeige an, dass das alles hier bald vorbei ist.
Beschreibe ein Kleidungsstück, das die Posaune nicht hört,
Kein Rauschen des Geldes, kein freundliches / böses Wort,
Aber Angst hat vor Feuer und Wasser

Und dem schleichenden unausweichlichen Zerfall.
Benenne Etagen der Ungleichheit: Teile ein
In Naturfasern und Synthetik, billig und teuer,
Hässlich und schön (wer bestimmt das?),

In vorbestraft oder nicht (nach wessen Urteil?),
In Niemands- und Jemandssache, in meine und fremde.
Erkläre, wie sie gemacht sind, die Stoffe, die Preise.

Präsentiere die Seidenraupen, die wolligen Schafe.
Weise hin auf die Unvollkommenheit der Materie.
Zeige die Kleider entkleidet.

12.

Напиши одежду раздетой,
Голой, пристыженной: скоро страшный ее суд,
И что ты туда принесешь, пустые карманы?

Ни славы, ни памяти, ни запаха шашлыка
Не припасла ты себе, ни корочки хлеба,
И некому за тебя свидетельствовать.

Ткацкие комбинаты и подпольные мастерские,
Катушки ниток, твердые зерна пуговиц,
Закройщицы с мелками и лекалами
Учили тебя, учили земному образу,

Широкому шагу, наклонам и приседаниям,
И долгим дням в ожиданье прикосновения,
И как принимать очертания человечества
И вместе с ним становиться землей.

13.

Научи их становиться землей:
Это может не каждый, напомни о
Слепом бессмертии пластиковых пакетов,
Столетиями лежащих в пустых полянах,

В соленых водах, в китовой утробе свалок,
Не умея избавиться от себя,

12.

Zeige die Kleider entkleidet,
Nackt und beschämt: bald ist ihr Jüngstes Gericht –
Und was habt ihr dort vorzuweisen, nur leere Taschen?

Weder Ruhm noch Erinnerung noch einen Schaschlikduft
Habt ihr euch aufgespart, kein Stückchen Brot,
Und nirgends findet sich einer, der für euch aussagt.

Textilkombinate und Schwarzmarktateliers,
Die Fadenrollen, das feste Korn der Knöpfe,
Die Zuschneiderinnen mit ihren Schablonen und Kreiden,
Sie haben euch irdische Formen gelehrt:

Ausfallschritt, Vorbeuge, Hocke,
Die langen Tage des Wartens auf eine Berührung,
Und wie man den Umriss der Menschheit aufnimmt
Und mit ihr zu Erde wird.

13.

Lehre sie Erde werden:
Das kann nicht jeder, erinnere sie
An das blicklos unsterbliche Plastik, die Tüten,
Die über Jahrhunderte auf leeren Wiesen liegen,

In Salzwasserweiten, im Walbauch von Müllkippen,
Die nicht wissen, wie man sich loswird,

Не зная, зачем они были и чем не будут.
Объясни им, как легко отпустить,

Как вконец опустеть, и тогда молоко забвения
Наполняет тебя до краев, как стеклянный шар.
Скажи им о химических элементах,

О чуде распада и новых соединений
И что было ничем, окажется всем,
И что было ничье, становится всеми.

14.

И что было ничем, становится всеми:
Рукав прорастает рукой, кустом – воротник,
И подземная влага лижет телячью кожу,
И в окающем квакающем разговоре

Неорганика внемлет органике (и наоборот тоже),
Что-то отжившее греет живые корни,
Во все поле длится пола пальто,
И полевка трогает носом носок ботинка

И еще не светало, но и во тьме светло,
Как в комнате, которую знаешь так,
Что в ней лежишь, как в собственной голове,

Noch, was ihr Zweck war und was sie nie werden können.
Erkläre ihnen, wie Loslassen geht, so leicht,

Wie man ganz leer wird, und dann füllt die Milch des Vergessens
Dich wie eine Glaskugel aus bis an den Rand.
Erzähl ihnen von den chemischen Elementen,

Vom Wunder des Zerfalls und der neuen Verbindung,
Und was nichts war, wird mit einem Mal alles,
Und was keinem gehört hat, verwandelt sich in alle Welt.

14.

Und was nichts war, verwandelt sich in alle Welt:
Ein Arm wächst aus einem Ärmel, aus einem Kragen ein Busch,
Grundwasser leckt an Kalbslederschuhen,
Und im blubbernden Schmatzen und Schwatzen

Lauscht der Organik die Anorganik (und umgekehrt auch),
Etwas Abgestorbenes wärmt lebendige Wurzeln,
Ein Mantelsaum zieht sich ein volles Feld lang hin,
Spitze Mäuseschnauze tippt gegen Stiefelspitze,

Und es dämmert noch nicht, aber hell ist es auch im Dunkeln
Wie in dem Zimmer, das du so gut kennst,
Dass du darin liegst wie im eigenen Kopf,

И то, кто был человек, и та, кто была рубашка
Обнимают друг друга, как самого себя:
Попробуй раздели по родам и видам.

15.

Раздели-ка их по родам и видам:
Опустевшие, безлюдные, неподвижные,
Десятилетиями (как земля под асфальтом,
Как кимоно, которое стало хаори)

Ждавшие обнять любого, да хоть меня.
Выучились, умерли, не вернулись
Ваши носители: больше голый антропос
Смертным телом не греет смертное тело.

Напомни им, что все это скоро кончится.
Тень пятна вернется на старое место,
Излучая ослепительный свет.

Напиши одежду дотла раздетой.
Научи ее становиться землей,
Где что было ничем, окажется всеми.

Und was ein Mensch und wer eine Bluse war
Umarmen einander wie jemand sich selbst umarmt:
Versuch ruhig, sie einzuteilen nach Gattung und Art.

15.

Komm, teil sie ein nach Gattung und Art:
Verlassen, menschenleer, reglos,
Jahrzehnte hindurch (wie Erde unterm Asphalt,
Wie jener Kimono, der zum Haori wurde)

Mit offenen Armen wartend auf jeden Erstbesten, und sei es auf mich.
Sie haben studiert, sind gestorben, nicht wiedergekommen,
Sie, die euch trugen: Kein nackter Anthropos
Wärmt mehr mit seinem sterblichen Körper den sterblichen Körper.

Erinnere sie, dass das alles hier bald vorbei ist.
Jeder Schatten von Fleck wird zurückkehren an seinen Platz,
Umgeben von blendendem Licht.

Zeige die Kleider bis auf den Grund entkleidet.
Lehre sie Erde werden,
Wo was nichts war mit einem Mal alle Welt ist.

Bist du Luft

Если воздух

1.

Нежная ты, дорожная грязь:
Обращалась к каждой ноге
За простым увереньем
И за печатью – к лапе

2.

Только самые кроны
Ходят волнуясь туда-сюда,
В ветках закат, в ноге и вокруг
Уже глубокая ночь

3.

Вот, мне приснилось, что *мне*
Скатали как старый ковер, *мое*
Унесли, я развесили на заборе.
Тычется в руки ничей присон

Eine Birke mit Namen Alexander
Gennadij Ajgi

I.

Samtiger, sanfter Vorstadtmatsch:
Du wolltest von jedem Fuß
Die elementare Bestätigung,
Den Stempel von jeder Pfote

2.

Nur die Spitzen der Kronen
Biegen sich, wogen auf und ab
In den Zweigen die letzte Sonne, am Fuß
Und rundum ist schon tiefe Nacht

3.

Folgendes hab ich geträumt: man hat *mir*
Eingerollt wie eine Fußmatte, *mein*
Weggebracht, *ich* übern Zaun gehängt.
Gegen die Hand stupst Niemandsgeträum

4.

Вот мне приснилось, угол
Из пыли, из кошкиной шерсти,
Из черствого пластилина
Скатал себе углового

5.

Вот, мне приснилось, нежить
Не знает, что о себе знают:
Глагол мы или существительное?
А если врозь, то где не жить-то?

6.

Черный угол хочет быть красным
Красный петух пущен стать черным
Кому-то белому повезло:
Побывал лесом, пробует дымом

7.

Поздно, давай-ка спать.
И слева от нас, и справа
Догорели свечи в фонариках
На соседских надгробьях

4.

Ich habe geträumt, ein Kabuff
Hat sich aus Staub und Katzenhaar,
Aus bröckelnder alter Knete
Einen Kabuffspuk gerollt

5.

Ich habe geträumt von Geistern,
Die das Einfachste nicht von sich wissen:
Sind wir Substantiv oder Verb?
Und wenn Verb, wo geistern wir dann?

6.

Schwarzes Kabuff wär gern herrgottsrot
Roter Hahn auf dem Dach wird schwarz
Jemand Weißes hat Glück gehabt:
War Wald, versucht sich als Rauch

7.

Komm, es ist spät, lass uns schlafen.
Links von uns, rechts von uns sind
Die Kerzen heruntergebrannt
Auf den Nachbargräbern

8.

Крутишься, крутишься с боку на бок,
А все не в сон, и под левым плечом,
Где глубокий овраг спускается к Волге,
До глины в тебе протоптали тропу

9.

Река тяжелая ледяная
Слева, а здесь ты переходишь в пустошь
Отсюда и до этого куста:
Уже не ты за кустом.

10.

Если стала воздух, не щекочут ли
Ветки верхние, когда проходят сквозь?
Ежели огонь, пускай хватает корма.
Небо пухом, если ты земля.

11.

Между лапой и лапой спрятаны уши
Там от уха до уха животный ум
Ходит в темном углу, плавники колышет,
Ищет исхода в бо́льшую воду

8.

Du drehst dich und drehst dich um und um,
Kein Gedanke an Schlaf. Unterm Arm, wo scharf
Die Böschung abfällt zur Wolga
Durchquert dich ein lehmiggetretener Pfad

9.

Schwer liegt der eiskalte Fluss
Zur Linken; hier oben gehst du in Grasland über
Bis zu dem Strauch dort drüben
Dahinter bist schon nicht mehr du.

10.

Bist du Luft jetzt, und wenn: kitzelt es nicht,
Wenn die obersten Zweige durch dich streichen?
Bist du Feuer? Dann hab genug Nahrung.
Bist du Erde, dann sei der Himmel dir leicht.

11.

Zwischen Pfote und Pfote versteckt die Ohren:
Von Ohr zu Ohr zieht der Tierverstand
Durch sein dunkles Kabuff mit fächelnden Flossen,
Sucht einen Weg in tieferes Wasser

12.

Давно в воздухе стерлись контуры
Телефонной будки и водокачки,
То, что там поблескивает на закате,
Только тебе показалось

13.

Посмотри же на эти буквы,
Как написаны! *Что* – неважно:
Каждым округлением и нажимом
Ты ей »да« говоришь

14.

В Салтыковке, на даче,
Одним прикосновением бабочка
Отмечала живых прохожих,
Чтобы ни с чем не перепутать

15.

Строй держать, не раскисать, не размякнуть!
Ты не вернешься домой, в молоко,
Пачка крестьянского масла
В прочной торжественной бумаге

12.

Längst in der Luft verwischt die Konturen
Der Telefonzelle, der Wasserpumpe,
Und dass da was glitzert im letzten Licht
Ist dir nur so vorgekommen

13.

Schau dir nur diese Buchstaben an,
Wie sie dastehen! *Was* da steht, ist egal:
Mit jedem Druck, jeder Rundung
Sagst du *ja* zu ihr

14.

Der Schmetterling, draußen in Saltykowka,
Der mit einem Flügelschlag
Auf der Straße die lebenden Menschen markierte,
Um sie mit nichts zu verwechseln

15.

Kopf hoch, kipp mir nicht um, werd nicht weich jetzt!
Du kommst nicht mehr heim in die Milch,
Viertelpfund Bauernbutter
Im feierlich-festen Papier.

16.

Вот, мне приснилось:
На углу маленькой площади
Камни тебя окликают
У меня под ногами

17.

Вот и мне приснилось,
Что ты пришла на городской праздник
И мы сидим за длинными столами,
И что в этом такого удивительного?

18.

Все не могу в лицо заглянуть
Не оттого, что сияет
Не оттого, что стыдно
Не потому, что нету

19.

Не верь, что все там гуляют голые
Просто немного хрустальные
Девушки в косах прозрачных
До самых прозрачных трусов

16.

Folgendes hab ich geträumt:
Am Rand eines kleinen Platzes
Sagen die Steine hallo zu dir
Unter meinen Füßen

17.

Und schließlich hab ich geträumt:
Du kommst auf ein Straßenfest,
Und wir sitzen an langen Tischen,
Und was soll daran so seltsam sein?

18.

Es gelingt mir nicht, dir ins Gesicht zu sehen
Nicht weil es so sehr leuchtet
Nicht weil es peinlich ist
Nicht weil du keines hast

19.

Denk nicht, dort laufen alle nackt herum
Die Mädchen sind nur etwas gläsern
Tragen durchsichtige Zöpfe
Bis zum durchsichtigen Schritt

20.

Крадется перилами ветка серая словно
Кошка, шуршит по дорожке собака будто
Ветер, и только слух сам-собой без звука,
Ничему не равен, ни с кем не равнялся

21.

Ямку выроешь ляжешь в землю лицом
Скажешь туда *люблю* сразу прикрой
Его ладонью держи в тепле
Жди толкнется гриб белый ложный

22.

Река стояла безлюдная
Безветренная безводная
Голый указатель движенья
И не туда, а куда-то

23.

Спрятались от дождя под камнем.
Мир закрылся на просушку.
Выползай, товарищ мой безглазый,

20.

Schleicht am Geländer entlang ein Zweig, als wär's eine graue
Katze, durch Büsche am Weg rauscht ein Hund wie
Wind, nur das Hören selber bleibt lautlos,
Gleicht nichts, misst sich mit niemand

21.

Grab eine Grube leg das Gesicht hinein
Sag in die Erde *Liebste*, dann schnell
Zudecken, warmhalten, warten, bis gegen die Hand
Ein Pilz stößt ein Steinpilz ein falscher

22.

Der Fluss war menschenleer
Windstill und ohne Wasser
Ein nackter Hinweis auf Richtung
Nicht dorthin, nur hin

23.

Vorm Regen flüchteten wir unter einen Stein.
Die Welt ist geschlossen zum Trocknen.
Kriech raus, Gefährte Augenlos,

Может, не про нас его колеса
Сегодня

24.

Так уж лесу темно от себя —
Ворочайся, не ворочайся —
Терпеливым трением
Добывает свет до рассвета

25.

Стройплощадка, за ней автомобильная
Стоянка, за ней дорожка лучом,
Вот ее удержать бы, как руку,
Взявшую за руку: пора домой

26.

Шел, шел, устал, огляделся,
Сел, дух перевел,
Еще посидел, похолодало,
Сместил вес, умер, воскрес.

Vielleicht sind nicht wir gemeint mit ihren Rädern
Vorerst

24.

Dem Wald ist so dunkel im eigenen Schatten,
Wie er sich auch wälzt –
Geduldig scheuernd
Schürft er Licht bis zum Morgen

25.

Die Baustelle, dann der Pendler-
Parkplatz, dahinter ein Lichtstrahl von Fußweg,
Den hielte man gerne fest, wie die Hand,
Die die eigene fasst: Komm schon heim.

26.

Ging, ging, wurde müde, schaute sich um,
Setzte sich, atmete durch,
Saß noch ein Weilchen, kalt war es plötzlich,
Streckte sich, starb, stand auf.

27.

Старая деревня
Только что проехали
Рамы голубые
Уголья зеленые

28.

Над павшим полем
Столетней битвы
Соблюдаются недоговоренности
Лошади со слепнем, ястреба с мышью

29.

Ты где, расскажи?
Студеная твоя речка
Тянет и тянет
Себя за волосы к югу

30.

В том доме давно
И лампа, и занавески
Излучают свет такой яркий,
Что наша тьма еще темнее

27.

Altes Dorf am Wegrand
Schon sind wir vorbei
Fensterrahmen hellblau
Brandruinen grün

28.

Auf dem gefallenen Schlacht-
Feld von vor hundert Jahren
Sind Unverträge in Kraft
Zwischen Pferd und Bremse, Habicht und Maus

29.

Wo bist du, erzähl?
Dein eisiger schmaler Fluss
Zieht und zieht
Sich an den Haaren nach Süden

30.

In jenem Haus geht schon lang
Von der Lampe, vom Vorhang
Ein so helles Licht aus,
Da wird unser Dunkel noch dunkler

31.

а)

И круглое облако
И ельник, и холмы, и дорога
Больше не притворяются,
Что они не ты

б)

И круглое облако
И ельник, и холмы, и дорога
С каждым днем все больше тебя обнажают,
Вот совсем разденутся – и увижу

в)

И ельник, и облако, и дорога:
Разве им тебя удержать?
Когда они дергаются от боли,
Твои черты то блеснут, то погаснут

32.

Иду и разговариваю
С тобой
И с тобой

31.

a)

Und die runde Wolke,
Die Fichten, die Hügel, die Straße
Tun nicht mehr so als ob
Sie nicht du sind

b)

Und die runde Wolke,
Die Fichten, die Hügel, die Straße
Legen jeden Tag mehr von dir bloß,
Bald sind sie ganz ausgezogen, und ich kann sehen

c)

Die Fichten, die Wolke, die Straße:
Wer sind sie, dich festzuhalten?
Wenn sie zucken vor Schmerz,
Blitzt dein Gesicht mal auf, mal erlischt es

32.

Ich gehe und rede
Mit dir
Und mit dir

И еще с тобой.
Вот и поговорили.

33.

А теперь
Попробуем дышать общей грудью

Выдохнули
Вдохнули

А теперь уйдем к себе
Отдышаться

И снова
И еще снова

Und dann noch mit dir.
Ausgeredet, na also.

33.

Und jetzt
Atmen wir mal wie mit einer Brust

Wir atmen aus
Und ein

Und jetzt gehen wir jeder zu sich
Kurz verschnaufen

Und dann noch einmal
Und noch

Inhalt